JN440690

외로운 들꽃

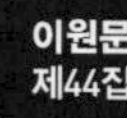

외로운 들꽃

이원문 지음

책나무

| 차례 |

제2부

제3부

제4부

제1부

참새의 밤

흰 눈의 하얀 들녘
아무도 없다
날아온 철새
먹이 찾아 날아가고

그 많은 참새 떼도
마을 찾아 떠났다
짚까리 뒤적뒤적
먹을 것이나 있는지

덫에 채이면
그것으로 그만인가
그러다 어두우면
처마 밑에 숨어 자고

후래쉬 불 왔다갔다
숨어 자는 운명의 잠
아이들 떠드는 소리
참새 가슴 두근댄다

겨울 석양

별 지나간 짚까리
바람 불어 춥고
먼 산 나뭇가지
해 흐려져 춥다

뱃속으로 읽는 인생
뼈마디에 스며드나
내가 추운 것이 아니라
보이는 세상이 춥다

집집마다 저녁연기
저 집은 뉘 집인가
울던 까치 가버리고
찬바람 몰아친다

젖무덤

밤새워 울던 내 동생
울 엄마 젖무덤에서 눈감고
엄마 그 가슴에 묻혔다

그러고 첫닭 울 무렵
다시 앞산 양지로 떠났다
눈 오고 비가 오면 바라보던 울 엄마

하늘이 무너져도 그만큼 무너질까
흰 머리의 울 엄마 그곳을 잊을까
세월에 묻혀 간 울 엄마의 가슴

세월도 그 잠깐 울 엄마도 눈감았다
굵은 실 가늘 듯 엄마의 정 끊어질까
세월은 무렵까지 다 휩쓸고 떠났다

어두운 세상

밝은 세상
밝은 줄 알았더니
알고 보니
어둡더라

무엇이 이리 복잡하고
문제가 많은가
감출 것에 매달려
풀어야 할 문제들

풀고 못 풀어도
세 끼니의 것이요
어둡고 밝아도
하룻밤의 것인데

친구의 노래

산으로 냇가로
우리 안 다닌 곳이 어디에 있겠니
너와 나의 꿈이 무엇이었지
너의 노래 듣고 싶구나

올챙이 가둬놓고 송사리 잡던 날
고무신에 띄운 꿈 아직 간직하고 있겠지
계절에 없어도 우리의 꿈만은 그 고무신에 들어 있었지
이제 다 옛날로 가버린 날 시절은 잃었어도 꿈은 아직 그대로야

친구야 친구야
나 여기에서 너를 기다리고 있어
우리 둘이 도랑 막고 물 푸던 곳에서
미나리꽝 언덕 그 찔레꽃도 변함없구나

고향의 겨울

언덕배기의 하얀 눈 언제 녹을까
쌓인 눈 그대로 응달 녘 춥다
먼 들녘 가까이 눈부신 하얀 세상
까치 짖는 소리 소식 안겨주려나

양지 녘의 할아버지 짚단 추리고
방 안의 다듬이질 소리 담을 넘는다
메갓 바라보며 생각이 깊으신 할아버지
뛰어노는 아이들이 그 마음을 알까

엄마의 바느질에 헝겁 모으는 막내 순이
할아버지의 큰 기침 소리 무엇을 알리나
화롯불 식어가니 해 기울어 바람 불고
집집마다 저녁연기 등불 밝힌다

파도의 겨울

파도 소리 차갑고

바람에 춥다

오늘 누가 다녀간 이 있나요

소스라친 물거품에

무너지는 그 행복

바위의 양지 저물어간다

운명의 셈

눈 안의 것이

다 셈으로 되던가요

담은 소리에서

무엇을 얻었나요

믿었던 셈에

헛짚은 운명

담은 소리 잃고

노을 앞에 섰다

겨울 산

털어내고 버리고
저 산 쌓인 눈이
녹을 눈으로만 보이겠나
먼 산 나뭇가지 보이는 것으로 춥고
가까이 소나무 바람 듣는 것으로 춥다

어디인가 볕 따뜻한 양지도 있을 것인데
그곳에 쌓인 눈은 아직 그대로인지
내 오르내리던 양지의 것은 다 녹았을 것 같고
다니는 산짐승들 뭐 먹을 것은 찾았나
어느덧 넘는 해에 바람 멎지 않는구나

운명의 강

쉬어가지 못하고 가야만 하는 너
네 흘러가면 닿을 곳이 어디냐
바람은 싫어 거슬러 오르는데
거스르지 못하는 너 가야만 하는지
앉은 철새 구름 따라 거스르는구나
말없이 흐르는 너 가야 하는 것인지

겨울 사랑

눈 소복이 건너 마을
누가 살고 있는지
호롱불 가물가물
찾아가고 싶어라

마중을 기다릴까
그리움을 건네줄까
부엉이 우는 밤
찾아가고 싶어라

눈 밟기

마음 바로잡아

올바로 딛었는데

찍히는 발자국은

어찌 삐뚤까

가다 돌아보면

줄이 삐뚤고

몸 돌려 다시 보면

발자국이 삐뚤다

겨울 하늘

높은 하늘의 가을은
그런대로 포근한데
같은 하늘의 겨울은
왜 이리 쓸쓸할까

여름은 뭉게구름에
내일의 꿈 묻었었고
기다림의 봄 하늘에
꽃을 묻지 않았나

눈이라도 내리면
포근할 것인데
미루나무에 걸친 연
어느 바람이 풀어줄까

어머니의 편지

우리 어머니는 한글을 모릅니다
그러나 편지는 날마다 보냈지요
못 해드리는 답장에 날마다 보낸 편지
그 편지 받아 어디에 두었나요
근심으로 쓰고 걱정으로 붙인 편지

우리들 뜯지 않고 답장도 안 했지요
그 시간에 웃으며 구경 다니고요
우리가 먹은 음식이 어머니 밥상에 있던가요
어머니가 보내는 마음의 편지
방 천장에 붙여놓고 몇 번을 읽었나요

일 년

달력의 날짜가 며칠인지 모른다
듣는 이야기로 며칠이라는 것뿐
짚어본 날은 한 달 안의 서른하나뿐이다
넘기고 찢은 달도 처음과 마지막뿐
몇 장을 넘기며 얼마를 찢었는지
마지막 달 넘기며 처음을 기억한다

숫자로 보아야 하나
날짜로 보아야 하나
아니면 넘긴 달을 계절로 짚을까
하루해에 묻어가는 흐려진 일 년
벗고 입어가며 무엇을 얻었나
버리고 잊을 것이 며칠 안에 들어 있다

송년의 마음

떠나야 할 한 해인지
보내는 일 년인지
저문 날에 밝아올 날
나뭇가지에 걸치고

마지막 석양 따라
기러기 산 넘는다
짖음 멈춘 저 까치
내일은 있는 것인지

아랫마을 저녁연기
어둠이 가리면
무엇을 보내고 잊고 버릴까
산 넘는 기러기 더 멀어진다

부엉이의 슬픔

울 넘는 다듬이질

부엉이 우는 밤

아랫목 칭얼칭얼

내 아이 불편한 밤

화롯불의 외로움

등잔불이 밝혀주나

눈 소복이 발자국

다녀간 이 누구인가

고향 굴뚝

집으로 오는 길
나뭇짐 무겁고
흩어진 저녁연기
보는 눈도 춥다

내일은 지붕 뒤로
곧게 오르려나
가난의 짙은 연기
그 굴뚝이 높을까

솔 까래 아껴두고
거친 불에 녹인 몸
허기에 죽 한 그릇
자정이 두렵다

품삯의 송년

얼마가 있어야
있고 없다 하겠나
얼마를 채워야
그 욕심 다 채우고

국민이 있어야
나라가 있고
나라가 있어야
그 다음도 있다

품삯 아끼려 이웃 나라 품삯 주고
그나마 그 품삯에 젊은 청춘 겉늙는다
다 접고 접어두자
과거도 접어두자

국민 없는 나라 있고
국민 없는 미래를 보았나
저출산에 감긴 나라 바닥 드러나고
너도 나도 늙으니 눈 못 감고 죽는다

모임

몇 달이든
일 년이든
그 이상
몇 년 몇십 년 만이든
만남의 표정에서
그 세월을 읽을 수 있었다

무엇을 감추고
드러내 보일까
떼고 붙인 말에서
그 생활도 읽을 수 있었다

제2부

사랑의 일기

우리의 나눔은
인연의 것이었고
다 주어도 모자라는 것은
사랑의 것이었다

주고받은 마음은
행복의 것이었고
아름다운 날은
약속의 것이었다

밤하늘의 별처럼
영롱한 눈빛
그 어리는 그리움은
누구의 것이었나

구름의 송년

마음이 그러해서 그런지
보이는 것 보는 것
어느 것 하나 쓸쓸하지 않은 것 없고
무거운 마음 또한 이 나이를 들춘다
얼마 전만 해도 이런 일이 없었는데
그 세월의 무게일까 넘는 해에 얹어지고
내쉬는 한숨에 인생 안개 걷혀진다
운명의 냇가에 드러난 바위들
비켜 돌아 흐르는 근심의 냇물 소리
이 삐뚤은 징검다리를 누가 건너 다녔나
안개 속에 가려진 나 내 짐들이 알기나 할까
걷혀도 그 다리를 누가 건너 다녔는지
돌마다 이끼 때는 어느 세월의 흔적인지
나밖에 모르면서 디딘 돌이 아닌가
삐뚤은 이 징검다리를 누가 바로 놓을까
가면 갈수록 세월의 때 더 덮이고
바로 놓고 벗길 시간 더 멀어진다

친구의 송년

친구야
우리 다 털어놓자

무엇을 숨기고
내보이겠니

부끄러워하지 말고
우리 서로 털어놓자

발이 부끄럽고
손이 부끄러워 그렇지

너와 나의 마음은
안 그렇지 않니

이제 저무는구나
친구야 다 저물었어

찔레나무

세월은 꽃피우려 봄을 다시 찾는데

저 흐르는 강물은 돌아올 수 없는지

찾아도 떠나야 할 구름 같은 세월

저물녘 까치 울음 눈밭에 앉는구나

겨울바람

누가 듣던
그 바람 소리인가
기억의 겨울바람
가슴속에 스며든다

우물 둥치로 불어
소나무에 스치면
양지도 음지도
모두 추웠고

저녁연기 헤쳐
어둠으로 가린 다음
그날 밤 설거지에
문풍지도 울렸다

어머니의 갯벌

물때 맞춰 맑던 하늘
먹구름 몰려오고
수평선 위 갈매기
밀물 따라 들어온다
밀물 들어오니 나가라 하나
들어오는 갈매기 앞서거니 맴돌고
빠진 발 떼자니 마음부터 앞선다

망태기 안의 바지락
농게 몇 마리에 큰 소라
이것저것 주워 담은
망태기의 무게일까
끌고 돌아서니 밀물 발목 찬다
부지런히 나가야 할 신발 벗어 놓은 곳
망태기에 넣은 시간 이제 그만 가자 한다

바다의 송년

무엇을 버리고

지는 해에 얹을까

파도 소리 그대로

어둠이 가린다

겨울 일기

옛 생각 그대로 찾은 양지 따뜻하고
구름 없는 하늘 더 높이 보인다
짚까리는 아니어도 졸음에 감기는 눈
그 잠깐 꾸뻑 잠에 어디를 다녀왔나
나뭇가지에 걸친 마음 계절 찾아다닌다

봄날에 여름날 단풍의 가을날
이 겨울은 안 그런가 대나무 마디처럼
마디마디에 아픈 곳 기쁨에 슬픈 곳
추억까지 곁들여 한몫에 스쳐간다
이 양지의 겨울 풀처럼 파랗게 스쳐간다

구름의 일기

건너온 강 그 철새

아직 남아 있는지

넘어야 할 산 넘어

하얀 눈밭 지나면

나 건너온 강기슭에

어느 꽃이 먼저 필까

이 산 넘어 아직 먼 길

그곳에도 봄이 오나

빤쓰(속옷)

언제가 처음인지

기억에 없다

그러나 자랑은

기억에 있다

처음은 부끄러워

다시 벗었는데

입은 사람 많아

찾아 입었다

고향 하늘

냇가에서 배워

새소리에 알아듣고

저 먼 하늘 구름은

인생을 가르쳤다

입는 것도 먹는 것도

냇가에서 배웠고

세월은 그 냇물을

먹물 들여 돌렸다

파도의 양지

찾아온 겨울 바다
먼 바다 섬 하늘 갈매기 외롭고
이곳의 병풍바위 햇살에 따뜻하다
볕 쬐는 물벼룩 어느 곳이 따뜻할까
출렁이는 파도 물 끼얹어 차갑고
멀리 파도소리 시렵게 철썩인다

바람 돌린 이 양지에 나만이 따뜻한가
찾아온 옛날도 함께 있어 따뜻하다
홀로 찾은 파도의 양지 언제 적 흔적인가
나무토막 그물 밧줄 낚시꾼의 낚시바늘
밀려온 그 흔적은 그대로 옛날인데
낚시꾼의 바늘 추는 옛날이 아니었다

누가 다녀갔는지 드러난 흔적들
무엇을 낚으려 이곳을 찾았나
낚지도 못하고 잃은 추에 낚시 바늘
낚은 것이 있다면 그 하나 인생인데
그 인생 이 바다에 다시 던져 놓았는지
지는 해에 음지 되어 석양에 노을 진다

남매의 일기

쌓인 눈 위 서글픔
노을에 젖어들고
쓸어안은 저녁연기
끊어질 듯 멈춘다

허기에 추운 노을
노을만 춥겠나
끼니의 외로움
어둠이 쓸어간다

타드는 부지깽이
아궁이 속 두드린 녘
잿티의 눈물인가
허기에 슬픔인가

불꽃에 뜨거워
물러선 무릎
무릎은 뜨거워도
등줄기는 시려웠다

고목의 밤

가랑잎 구르는
달빛에 어린 밤
뒤곁 고목 그림자
구름이 가리고

그 부엉이 추운 듯
울던 울음 멈춘다
등잔불 꺼져가는
초가의 깊은 밤

숨어 내린 함박눈에
지붕 뜨락 하얗고
족제비 발자국
울 밑으로 넘어간다

엄마

뜨는 해에 밝음도

지는 해의 어두움도

등잔불에 부채질까지

우리 엄마의 몫이었다

찔레꽃 필 무렵

구름 따라온 세월

그 세월도 굽이굽이

우리 엄마의 몫이었다

예수 탄생

성경에 나오는 예수님 탄생
성경책을 읽어 보면 더 잘 알 수 있을 것이다
태어난 마구간 왜 마구간에서 태어났다 했나
마구간 이야기는 그리 아는 사람이 많지 않을 것이다
본인의 직업 20여 년으로 이야기하련다

마구간에서는 어느 동물이든 살아남을 수 없다
태어나도 즉시 죽는다

이유는?

깨알만 한 진드기가 살을 파고들고
보이지 않는 충이 많아 항상 가려운 동물이다
우리가 알고 있는 파리는 빨판으로 빨아대는 줄 아는데
말의 파리는 독침으로 찔러 넣고 흡혈을 한다
사람의 옷을 뚫고 찔러댄다
독침 없는 파리는 때려도 기절했다 다시 살아 날아간다
초겨울 추운 날씨에도 살아 날아다닌다
앉아 있으면 바지가랭이로 파고든다
모기도 조그마한 것이 청바지를 뚫는다
쏘이면 일반 모기의 몇 배나 강하다
뇨와 분의 배설물도 량이 많지만

그 깨스 또한 독한 암모니아 깨스와 비슷하다
말의 눈동자에 실오라기와 같은 충이 있을 수도 있다
말의 회충은 장마철에 마당의 큰 지렁이보다 더 크다
주인을 모르는 짐승 그래서 우리의 속담이 있는 줄 모르나
어떻게 이런 곳에서 예수가 탄생했다 했나
성탄절을 맞이하여 마굿간을 다시 본다

화젓갈

지붕 위 뜨락에 눈 언제 녹으려나
화롯불 담아 꼭꼭 눌러놓으니
방 안에 훈기 가득 윗목도 따뜻하다
어두운 눈에 바늘귀 못 끼니 바느질 손놓고
부엌에 들어가니 아이들이 쫓는다
콩나물시루에 물이나 끼얹을까
어젯밤 꿈자리에 친정이 보이더니
큰 조카네 무슨 일이 있나 걱정되고
못사는 둘째 놈은 밥이나 먹고 사는지

잠깐 낮잠에 해 기울어 바람 일는구나
양지도 음지 되어 그 바람에 더 춥고
화롯불 식으니 방안도 춥구나
화젓갈로 뒤적뒤적 화롯불 헤치니
몇 개의 불씨가 손 녹여 주는구나
이 생각 저 생각에 세월 가는 저물녘
댕기 머리 찔레꽃 예쁘게 피는구나
추녀 끝 저 고드름에 무엇이 맺혔나
오늘도 그렇게 하루가 가는구나

겨울 오후

아침은 그런대로
점심까지는 괜찮은데
서산 언저리에 해 기우니
마음부터 추워진다
바람도 한몫에
옷 속으로 스며들면
멀리 보던 눈 안의 것도
가까이 보아지고
정리되는 마음에
하루를 잃는다

오늘 하루 무엇을 했나
한 것이 있다면
얻고 잃은 것이 무엇인가
얻은 것도 잃은 것도
주머니 속 뒤져지고
기다리지 않은 저녁
집으로 가야 하나
이제 쉬어야 할 어둠이 덮는 밤
고된 삶 하루의 마음
눈 감고 쉬자 한다

내 아이

너희들은 부족했다
늘 모자랐고
없음 여김을 보는 에미
무엇으로 채워줄까

비교에 울지 말고
책을 보아라
이 공책 연필을 놓지 마라
노래하고 싶거든
구구단을 노래하라

세월 장난에 속지 말고
에미를 원망하여라
모자라고 부족함이
인생을 가르칠 것이다

연기의 노을

아침 연기에 배고프고

저녁연기에 눈물 난다

누구네 집 연기가

먼저 끊어질까

노을에 숨은 연기

어둠이 가린다

제3부

카드의 추억

이렇게 쓸까
저렇게 써야 하나
무슨 말을 어떻게
예쁘게 써넣을까

옆으로 눕혀 쓰면
예쁘다 할까
몇 번의 연습에
더 좋은 말 떠오르고

옮겨 쓰다 잘못되면
다시 써야 하나
떨리는 손에 쓰는 글씨
자꾸만 삐뚤어진다

할아버지의 겨울

화롯불 담아 양지에 앉으니
얹어놓은 막걸리 김 서려 들라 한다
꼬아놓은 새끼줄만큼이나
꼬아진 세월이었나
두서너 타래 새끼줄에
점심나절 해 기울고
시장끼에 막걸리 한 잔
김치 한 쪽에 제 맛이로구나

이 새끼줄이면
아이들이 얼마나 쓰려나
나뭇짐에 쓰이고
가마니 묶음에 써야 할 줄인데
나무광에 나무가 얼마나 있는지
이러다 눈 내리면 못 할 것인데
무어라 말을 하면 잔소리라 하니
늙어 말을 하면 다 잔소리로 들리나

너희들이 무엇을 알겠니
그 고생에 논마지기나 사놓고
쌀가마니 쌓아놓으니
배불러서 하는 소리들이냐

머슴 적 보던 산 다시 보아지는구나
저 산 오르내리며 너희들 따뜻하게 키웠고
선세경 받아 먹여 살렸어 이놈들아
너희들이 알기나 아니 이런 나쁜 놈들……

고향 집

여름날 매미 소리에 문간 바람 시원하고
겨울은 쌓인 눈에 화롯불로 따뜻했다
양지 녘 짚까리는 안 그렇겠나
추워도 띄운 연실 잡고 갸우뚱
하늘 높이 마주 보며 무슨 생각을 했었는지
썰매 타며 불 피웠던 모닥불도 그렇고

봄날에 가을날 꽃과 단풍으로 물들었던 고향
파란 들 뜸북새 황금 들녘 참새 떼
이 한겨울 저녁연기에 서러웠던 고향
타향의 술잔에 온갖 세월 다 떠오른다
찔레꽃에 좋아했던 이웃 여동생의 그 미움
잊어도 잃어도 그 세월까지 파고든다

소나무의 고향

여름은 시원해도
추운 날의 그 바람만큼이나
살을 도려냈던
소나무에 스치는 바람 소리 들린다

눈 덮인 산 땔나무가 어디에 있겠나
그 추운 날 눈 속에서 청솔가지 쪄서(잘라) 땠고
그 연기 마시며 눈물 콧물에
눈썹까지 태우며 아궁이 속을 들여다보았다

새해의 꿈

괴로웠던 날에 스쳐간 기쁨들
새해에는 어느 것이 오랫동안 머물러줄까
빈 주머니에 주눅 들어 근심으로 보냈던 날
스쳐간 기쁨만이 머무를 수 없는 것인지
얻어 채울만하면 새어나가고
또 얻어 채우려 하면 틈이 먼저 생겨나니
틈 메워 줄 기쁨은 스쳐만 가는 것인가
기쁨 잃고 자리 잡은 괴로움에 허덕인 삶
끝은 언제이고 기쁜 날이 며칠이 될까
오늘도 내일도 멀고 먼 미래의 꿈
갈수록 좁아지고 그 기쁨 멀어져 간다

마지막 달력

하루는 길었는데

일 년은 짧았다

속이느라 길었는지

채워 주려 짧았는지

일 년을 갉은 하루

달력까지 찢어간다

어머니의 그믐

부뚜막 쥐 설거지에 부엌 나가 등불 켜니
밥 한 주발에 엎어놓은 바가지를 들춘다
아래목에 묻어야 늦는 사람이 먹을 것인데
오늘은 먹을 사람 없어 바가지로 덮었더니
그새 쥐 손님이 설거지 하는구나
막아놓은 아궁이에 불은 살아 있는지
아직은 그렇게 죽지 않을 것인데
부지갱이로 저으니 빨갛게 살았구나
손등에 앞자락 마음까지 쬐이는 불
친정 생각 또한 함께 쬐자 한다
이 생각 저 생각 빠른 것이 세월인가
엊그제 같은 마음에 그 옛날 떠오르고
친정 엄마의 흰 머리도 더 희게 떠오른다
나는 못 가도 동생들은 자주 찾아 가야 하는데
처녀 적 속 썩였던 뉘우침에 눈물 난다
시집도 중매 아닌 눈 맞아온 시집
배불때기 딸의 흉에 얼마나 속상했나
살아보니 그 마음 속죄할 길 없다
장독대에 항아리 뚜껑은 덮었는지
내 해 질 녘 덮은 것 같은데
이리저리 둘러보니 된장 독 열려 있고
덮으려 하니 캄캄해서 더듬어진다

장독대 위 저 별들 한쪽으로 북두칠성
나 어릴 적 밤하늘도 저 별처럼 많았는데
한참을 올려보며 헤아려 드린 엄마의 마음
옛날도 지금도 보리밭 둑 찔레꽃도
모두 한몫되어 저 별 속에 숨는다

찔레꽃의 상처

찔레꽃에 묻은 사랑

못 잊어 찾았건만

찔레꽃 떨어지고

그 잎새만 남아 있네

누가 볼까 몰래 담은

바구니 안의 찔레꽃

보리밭 둑 언저리에

빈 바구니로 남아 있네

위안부 할머니

역사가 부끄럽습니다

후손에게 미안하고요

국력이 약하면 이렇게 당합니다

20만 피해 할머니 죄송합니다

위안부는 일본이 만들었고

할머니는 세월이 만들었습니다

그 다음 부끄러움은 누가 만들었나요

부산항에 그 얼굴이 숨어 있습니다

소문난 사랑

철 따라 피어

이슬에 젖은 꽃

별보고 달 보았다

누가 말했나요

제철에 피어

낙화 전에 꺾였을 뿐

그것이 잘못됐다

그 잘못이 잘못인가요

파도의 송년

지우고 버려야 할
한 해의 기억인가

다음을 위해
넘겨야 할 시간인가

눈 안의 것 마음의 것
모두 모아 씻는 시간

오는 파도 휩쓸어
지는 해에 싣는다

고향 천장

우리는 그렇게 쥐와 함께 살았다
덫으로 약으로 줄여도 생기는 쥐
쥐 안 다닌 곳이 어디에 있겠나
광에서 부엌으로 부엌에서 방안 천장으로
겨울이면 쥐들이 위목 천장에서 뛰었다

얼룩진 배설물에 뚫어진 천장 안
등잔불에 마주 보며 잠들던 기억들
그 천정의 포대 종이가 몇 겹이었나
삐뚤어 이그러지고 한쪽으로 내려앉고
밥에 섞인 쥐똥도 골라내고 먹었다

웅달의 눈물

그날들이었나

쌓인 눈에 바람 소리

삭풍 우는 기슭

아직 먼 봄보다

저녁연기가 기다려졌다

홑겹데기 바지가랭이에

스며드는 칼바람

양지도 그 잠깐 해 떠넘기고

허기진 배 쪼르르르

저녁연기 기다렸다

망향

타향의 깊은 밤
고향 생각에 젖는 밤
봄여름 가을 겨울
울고 웃는 겨울밤

굴뚝에 저녁연기
어머니 보고 싶고
철 따라 놀던 곳
내 동무들 그립다

도시 생활

유리에 갇혀
비밀도 많다

흙 못 밟으니
손발 얇아지고

듣는 소리 많아
귀 얇아진다

속이고 속는 생활
숨 가쁘게 보는 눈

안다리 훑기 씨름 생활
끝이 안 보인다

뜨락의 송년

보내는 한 해에 이 나이 싣고

오는 해맞이에 한 살 더 얹는다

보내고 오는 해에 나이만 실었겠나

허무한 마음 세월 앞에 놓여지고

올려본 먼 산 하늘 덧없어라 가는 세월

저 나뭇가지에게서 무엇을 배울까

그 나무 위 까치 울음 귀에 담아 듣는 소리

다 잊고 버리련다 모두 다 버리련다

고드름의 한

떠나는 한 해는 다음이 있는데
이 늙은 눈에는 버드나무만 춤추는구나
빠진 이에 흰 머리도 다음이 있겠나
천 리 길 마루 끝에 웅달이 웬 말인가
양달이라 끌고 간 몸 고드름에 맺힌 세월
떨어지던 물방울이 음지에 굳었구나
웃어도 보기 싫은 이 늙은 눈에 마른 눈물
굳어진 저 물방울과 무엇이 다를까
추워 돌아 오른 문턱 높기만 하고
꽃 한 번 더 보려 마른 눈에 보는 세월
불러도 못 들은 척 그림자 따라 지붕을 넘는구나

소원의 일기

달 반이나 남은 설은 아직 먼데
도시의 설이 마음을 들뜨게 한다
날이면 날마다 뜨는 해를 못 보았나
저리들 아우성에 뜨는 해 보러 간다
저 아우성만큼이나 지는 해에는 어찌 조용했나
빌어보는 소원도 지는 해에 없는 것을
새해에 뜨는 해는 또 날마다가 아닌가
다음을 안겨 줄 지는 해에 없는 소원
그 지는 해 떠나며 버릴 것 버려주고
빌은 소원 찾아와 동녘에서 보여주는 것을
나 지는 해 바라보며 소원 빌어보련다
빌어보는 소원은 지는 해에 없는 것 ~

새해의 기억

몇 해 전인가
버린 기억 찾아와
다시 괴롭힌다
이제 그만 지워져도 되련만

버리고 지워도
이맘때면 찾는 기억
새해 첫날의 먹구름인가
아니면 복 막으려 그러는 것인가

다 잊고 버려도
찾아오는 기억들
올 한 해에 어느 일이 놓여질까
버리고 잊은 기억 떠나지 않는다

새해의 구름

산 넘은 송년의 구름
어디쯤 갔나
뒤 안 보고 그렇게
쓸쓸히 넘을 것을

두고 간 미련은
어느 곳에 놓았는지
넘는 산 넘으면
잊혀질 것인데

넘고 넘다 힘들면
쉬었다 가렴
두고 간 미련
감추지 말고

제4부

새해의 뜰

지나간 날들이 무엇을 괴롭혔나
어떻게 즐겁게 하였고
며칠의 웃음 속 괴로웠던 날
내 것도 아니면서 그 욕심 채우려
이것저것 다 해보며 하루하루 보낸 시간인데
세월 앞에서 서보니 다 부질없는 것이 아닌가

그래도 남은 욕심 채우기에 바쁜 나날
채우고 채우고 나면 내 것이 얼마나 될까
뜰 앞에 한 그루로 그 파랬던 나뭇잎들
어느 한 쪽에서는 더 채우라 하지 않겠나
이제 그만 내려놓고 쉬었다 가고 싶은 마음
그 마음 누가 얼마나 헤아려줄까

새해의 반달

새벽 반달
새해의 반달
삼십칠 년 숨어온
새해의 반달

숨어 숨어 삼십칠 년
구름에 가린 듯
다음 보름날에
무엇을 비춰줄까

지우고 채우는
구름 속에 숨은 달
건너야 할 징검다리
보름달 기다리나

군불

가시나무 청솔가지
개울가의 찔레 넝쿨
어디 그것뿐이겠는가
도끼로 두드리는
베어낸 나무뿌리
잡풀도 그 한몫에
긁어모아 때었다

사랑방의 쇠죽솥
안방 부엌 큰 물 솥
겨울 방안 뜨거우니
마실꾼 모여들고
국수비빔 떡 대접에
사랑방의 막걸리
부엌의 며느리
시집살이 더해갔다

그날의 눈물

저녁 해 뉘엿뉘엿
어두어 가는데
찾아야 하는 각 성냥
기억이 안 난다

밝혀야 할 등잔불에
부엌의 등불
무엇으로 어떻게
누구네 집 찾아가나

아무도 없는 집
우는 동생 오줌 싸고
끊기는 이웃 연기
우리 굴뚝 바라본다

청혼의 뜰

딛어야 할 운명의 길
가야 하는 것인가
몇 번을 스쳐 가는
파란 보리밭
바구니 안 미나리
찔레꽃 더 예쁘고
식구 중 막내 동생
함께 있자 또 안긴다

이 한겨울 피어나는
우리 울 뒤 복숭아꽃
뛰어다닌 그 파란 들
누가 나를 부르나
숨겨놓은 댕기꼬리
색동 옷 입고 싶고
가야 하는 여자의 길
지난날이 새롭다

냇둑

송년의 새소리는

그러하지 않았는데

들리는 새해의 울음

가볍고 가냘프다

우는 새의 울음일까

사람의 마음인가

새해의 나뭇가지

해 질 녘에 춥다

검은 욕심

귀 닫고 보는 세상
만물을 보아라
욕심에 올리고 내린 것이 무엇인가

부끄러워 눈감고
곁눈으로 보는 눈
뒤의 것은 안 보여 귀를 열지 않았나

단것도 쓴 것도
혀의 것이 아님을
내뱉는다 그것이 뱃속의 것이었나

겨울 그리움

친구야 이 한밤
너의 그리움에 잠이 안 와
너와 나 어떻게 자라났니
볕 쬐던 양지 구름이 가리던 날
우리 둘이 어디에 갔었지
입에 넣었던 것이 무엇이고

추운 것은 참을 수 있었는데
참을 수 없던 것이 무엇이었니
친구야 이제 다 잊자 잊을 수 있겠지
그때 그 양지 구름 걷히면
너의 집 저녁연기 먼저 피어오를 거야
그 다음 우리 집도 피어오르고

고향의 나무

철 따라 함께 자란
고향의 나무들
친구가 없어도
나는 즐거웠다
새끼줄 그네 매어
그네 타던 곳

꺾어 불던 피리의
앞 냇가 버드나무
언제나 높았던
동네 앞 미루나무
그 가지에 매달린 연
지금도 걸쳐 있는지

무서워 돌아다닌
성황당의 큰 고목
울 뒤 복숭아 울타리의 살구나무
매미 울던 느티나무 아래
참외 깎던 어머니의 모습
지금도 눈 안에서 아른거린다

우리 딸

저년 이 석회 많아
머리 깎아 내놓으니
아이들 놀린다
어울리지 못하고
그저 에미만 잡고
얼마나 투정했나

아래또리 내려
에미 부끄러움 다 주고
그때는 입혀도
그렇게 벗어 댔는지
이제 핵꾜(학교) 들어가
부끄러움 다 알고

그 깎은 머리 자라
부엌 일 같이 하니
기지배(계집아이) 꼴 배기고
저렇게 다 컸구나
공부는 못 해도 말 잘 듣고
좀 더 컸다 저렇게 예쁘니

누가 우리 딸보고

안 예쁘다 할까
이제 핵꾜(학교) 마치고
서울 공장으로 보내면
더 예쁘고 다 자란 것인데
내 저것을 어떻게 키웠나

나이의 늪

모르고 기다렸고

기다려서 후회한다

버릴 수 없는 나이

얻은 것이 무엇인가

얻은 것 놓아도

버려지지 않고

해 질 녘 밤 되면

더 얹어진다

거울 장난

주워 든 거울 조각
어느 곳을 비춰볼까
우리 집 외양간
아니면 이웃 추녀

잠긴 광 안 소쿠리
우물 안 두레박
어두운 곳이라면
다 들여다볼 수 있다

한낮 어두운 곳을
어떻게 볼까
밝은 곳에서는
어두운 곳을 못 보는 법

앞산의 봄

몰아대는 앞산의 세월
나 어디에 데려왔나
봄날에 꽃 피워
눈 안에 넣더니
여름날 철새 불러
보낸 세월 읽는구나

가을은 안 그런가
단풍으로 물들여
마지막을 읽히더니
서릿발로 털고 씻어
무엇을 보라 하나
올려본 까치집 저무는구나

숨겨온 운명

상수리나무 가랑잎
시간 거두는 소리
소나무 밭 스친 바람
그 살 다시 도려내나

업힌 아이 칭얼대고
저물어 가던 날
묵었던 집 할머니
그 은혜 어떻게 갚나

보따리 못 풀고
누가 알까 숨긴 운명
오늘도 그 운명
다시 숨자 하는구나

겨울 아이들

햇살 퍼진 이른 아침
저렇게 좋을까
무엇이 그리 좋은지
연 띄워 연 보며
즐거워하는 아이들

꿩 토끼 못 잡으면
참새 덫 놓고
그러다 지치면
썰매에 성냥 훔쳐
논으로 뛰어간다

워낭의 일기

눈 떴다 감았다
마루 보는 우리 황소
구융에 관심 없고
꾸벅꾸벅 졸고 있다

품 팔아 공부시킨
우리 집 큰 일꾼
은혜의 워낭 소리
어찌 잊을까

저녁 쇠죽 여물 솥
김 서려 끓는 듯
콩깍지에 넣은 콩
막둥이가 더 즐겁다

과천

청계산에 뜨는 해
관악산이 넘기고
한양 길 옛 주막 터
남태령 길 해 저문다

걸어서 백 리 길
날 저물어 천 리 길
한양 길목 말굽 소리
관악산에 묻는다

황혼의 덫

시간이 닫는 길
마음은 싫다 하고
싫어도 어서 가자
세월이 몰아댄다

지나온 길 돌아보며
무엇이 싫었는지
이 길도 가다 보면
그런 날이 놓여질 것

싫다고 아니 가나
넘어졌다 돌아가나
해 떨어져 어두우면
이미 지난 길인데

편지의 밤

외로워 쓰는 편지
누구에게 보낼까
지난 날 들춰보면
이 밤이 모자라고
마음 굳혀 쓰자 하니
기억이 숨는다

보낼 곳 없는 편지
용기는 있었나
어렴풋이 보낼 곳
그마저 희미하고
추억에 매달린 밤
그 별만 반짝인다

돼지의 고향

열흘 장 오늘은 식구 하나 오는 날
사과 궤짝의 까막 돼지 지게에서 소리치고
이웃 어른 구경났다 돼지 보러 모여든다
문열이로 싸게 사온 우리 식구 까막 돼지

저것이 언제 자라 새끼 낳아 기를까
노란 쌀겨 뜨물 찌꺼기는 우리 돼지의 맛있는 밥
추워도 더워도 사나흘이 다르더니
어느덧 낳은 새끼 젖 문지르며 잠이 든다

겨울 생각

눈앞 나뭇가지에 깊은 마음 걸쳐지고

먼 산 더 멀리 쓰디쓴 날 스쳐 간다

내일은 저 허공에 흩어져야 하는 것인가

이 양지의 나 어떻게 살아 왔나

덮이는 세월에 들춰 보는 시간들

눈 감아도 그 시간 눈 안으로 스며든다

이 도서의 국립중앙도서관 출판예정도서목록(CIP)은 서지정보유통지원시스템
홈페이지(http://seoji.nl.go.kr)와 국가자료공동목록시스템(http://www.nl.go.kr/kolisnet)에서
이용하실 수 있습니다. (CIP제어번호 : CIP2017005741)

외로운 들꽃

초판 1쇄 발행 2017년 3월 27일

지은이 이원문 **펴낸이** 임정일
책임 임병천 **편집** 김지해, 김수경 **디자인** 이동헌

펴낸곳 책나무출판사
출판신고 2004년 4월 22일(제318-00034)

주소 서울시 영등포구 신길3동 325-70 3F
전화 02-338-1228 **팩스** 0505-866-8254
홈페이지 www.booktree.info

ⓒ 이원문 2017
ISBN 978-89-6339-524-1 03810

*이 책의 판권은 지은이와 책나무출판사에 있습니다.
*양측의 서면 동의 없는 무단 전재 및 복제를 금합니다.
*잘못된 책은 바꿔드립니다.